Justine McKeen vs. the Queen of Mean

Text copyright © Sigmund Brouwer 2014
Published by arrangement with Orca Book Publishers, Victoria, Canada,
through Orange Agency, Gyeonggi-do, Korea

Korean translation copyright © BookInFish Publishing Co. 2024

All rights reserved. No part of this publication may be reproduced,
stored in a retrieval system, or transmitted in any form or by any means, electronic,
mechanical, photocopying, sound recording or otherwise without the prior written permission
of BookInFish Publishing Co.

이 책의 한국어판 저작권은 오렌지에이전시를 통해
Orca Book Publishers와 독점 계약한 책속물고기에 있습니다.
저작권법에 의해 한국 내에서 보호를 받는 저작물이므로
무단 전재와 무단 복제를 금합니다.

숫자로
기록하는
생태 탐사대

시그문드 브라우어 글 | 박민희 그림 | 김배경 옮김

등장인물

저스틴 맥킨

환경을 지키는 캡틴에코

환경을 보호하는 일이라면 물불 가리지 않아서 사람들에게 가끔 오해를 산다. 하지만 알고 보면 친구의 모난 마음을 다독이는 어른스러운 모습도 지녔다.

서배너 블루

비아냥 대장

저스틴네 반에 새로 전학 온 여자아이다. 저스틴이 환경을 보호하자고 하면 고깝게 생각하고 빈정거려서 '비아냥 대장'이라고 불린다.

환상의 콤비

저스틴의 친환경 프로젝트에 늘 함께한다. 저스틴에게 못된 말을 늘어놓는 서배너를 골려 주려고 기막힌 계획을 세운다.

놀리기 선수이자 달리기 선수

사람들을 놀래는 장난감 모으는 게 취미다. 무슨 운동이든지 잘하는 건 특기다. 운동과 관련한 내기라면 절대 질 수 없다.

◆차례◆

1 환경 보호는 딱 질색이라고 ☆ 8
◇ 에코! 환경에 관심 가지기 ◦ 30
　지구를 지키는 환경 감수성

2 사슴 똥 먹은 척하기 계획 ☆ 32
◇ 소셜! 환경 키워드를 공유하기 ◦ 64
　#생물 다양성 #꿀벌 실종 사건 #멸종 위기 종

3 비아냥 대장이랑 친구가 되고 싶어 ☆ 68
◇ **액션! 환경을 위해 실천하기** ∘ 86
우리 동네 생태 지도 만들기

4 환경을 보호해야 하는 진짜 이유 ☆ 88
◇ **캡틴에코의 뉴스레터** ∘ 110
모든 생명은 연결돼 있어

1
환경 보호는
딱 질색이라고

저스틴은 책상 앞에 서서 손에 든 종이를 들여다봤다. 말을 하려고 입을 뻥긋했지만 어쩐지 목소리가 나오지 않았다.

"뱀이다! 뱀이야!"

그때 마이클이 소리를 지르면서 책상에서 벌떡 일어났다.

저스틴은 기운이 빠져서 한숨이 나왔다. 마이클은 책상 속을 살펴볼 게 아니라 저스틴이 무슨 말을 할지 주의를 기울였어야 했다.

반 아이들은 지구의 날을 맞이해 무엇을 할지 저스틴이 준비한 아이디어를 듣는 대신에 마이클을 쳐다봤다. 저스틴은 지구 의 지

윽 자도 아직 꺼내지 못한 참이었다.

"제발 장난감 뱀이라고 말해 주렴. 오늘은 4월 1일이니 만우절 장난이라고 말이다."

호위 선생님이 교탁에 서서 말했다.

호위 선생님은 짧은 파마머리를 하고 두꺼운 안경을 쓰고 다녔다. 늘 미소를 지어서 인상이 좋은 데다가 저스틴이 가장 좋아하는 선생님이기도 했다.

마이클은 자리에 털썩 주저앉아 다시 책상 속을 들여다봤다.

"맞아요, 움직이는 장난감 뱀이에요. 누가 저 몰래 장난감 뱀을 책상 속에 넣고 무선 리모컨으로 조종한

거라고요."

아이들 몇 명이 낄낄댔다. 그중 하나는 크게 웃음을 터뜨렸다. 바로 사프다르였다.

"그런 장난에 속다니. 꼭 겁 많은 어린애 같네!"

사프다르는 손으로 배를 움켜잡고 쉴 새 없이 웃어 댔다.

"네가 그런 거니? 만우절 장난으로 안성맞춤인걸."

호위 선생님이 사프다르에게 물었다.

"저 아니에요."

사프다르가 대답했다.

사프다르의 말은 사실이었다. 저스틴도 알고 있었

'블라초'님의
수제 뱀 스킬

① 혀 날름거리기

다. 쉬는 시간에 블라초가 교실에 들어와 마이클 몰래 책상 속에 장난감 뱀을 넣어 두는 것을 두 눈으로 똑똑히 봤기 때문이다.

② 춤추기

저스틴은 마이클과 사프다르 그리고 다른 반 친구인 블라초와 함께 항상 입이 떡 벌어지는 친환경 프로젝트를 벌였다.

③ 휘감기

"저런, 네가 아니라니 아쉽구나."

호위 선생님이 교탁 위에 놓인

④ 무서운 소리 내기

사과를 가리키며 사프다르에게 말했다.

"내가 먹을 사과를, 지렁이 젤리를 넣어 둔 사과로 바꿔치기한 것보다 훨씬 재밌었는데. 바꿔치기는 너무 뻔한 수법이잖니. 난 그런 장난에는 절대 속지 않거든."

호위 선생님은 사과를 한 입 깨물었다. 그러고는 사각사각 소리를 내며 씹어서 꿀꺽 삼켰다. 호위 선생님이 미소를 지으면서 사과를 내려놓을 때 지렁이는 사과 어디에도 보이지 않았다.

저스틴은 호위 선생님에게 새 안경이 필요할 것 같다고 말하고 싶었다. 교실로 들어올 때 사과에 붙어 있던 것이 지렁이 젤리가 아니라 진짜 지렁이였음을 두 눈으로 똑똑히 봤기 때문이다. 하지만 호위 선생님이 토하는 모습을 보고 싶지는 않아서 그 말만은 꾹 참았다.

호위 선생님은 아이들이 진정되기를 기다렸다.

"저스틴, 이제 모두들 준비된 것 같구나."

"감사합니다."

저스틴은 반 아이들을 둘러봤다.

"4월 22일은 지구의 날입니다. 이 말은 환경 보호 활동을 하고 보고서를 써서 내야 하는 날이 3주밖에 남지 않았다는 뜻이지요."

저스틴은 사프다르가 자기 이야기를 듣지 않고 딴 짓하는 모습을 힐끗거리며 말했다. 사프다르는 저스틴이 무슨 이야기를 하려는지 이미 알고 있었다. 사프다르와 마이클은 저스틴이 생각한 아이디어를 이미 귀가 닳도록 저스틴에게 들었다.

저스틴은 잠시 말을 멈췄다. 사프다르가 자기 책상 속을 살펴보고 있었기 때문이다. 저스틴이 짐작한 대로 사프다르는 잠시 후 소리를 지르며 벌떡 일어섰다.

"이번에는 또 무슨 일이니?"

호위 선생님이 물었다.

"제 책상에도 뱀이 있어요!"

사프다르가 몸을 떨며 소리쳤다.

저스틴은 블라초가 자신을 방해하려고 소동을 벌이고 있음을 알았다. 하지만 저스틴은 이에 굴하지 않고 어서 반 아이들에게 종이에 적은 아이디어를 말하

고 싶었다. 그래서 마이클이 간신히 웃음을 멈추고 사프다르가 자리에 앉자마자 다시 이야기를 이어 갔다.

"저는 여러분의 도움이 필요해요."

저스틴이 교실 앞으로 나가며 말했다.

"저와 함께 숲에 가서 '생물 개체 수 세기'를 할 자원봉사자를 찾습니다. 꽃, 개구리, 거미 중 하나를 골라서 몇이나 되는지 세는 거죠."

"와!"

저스틴의 말이 끝나자 새로 전학 온 여자아이가 놀랍다는 듯이 눈알을 굴리며 말했다.

"이거 설마 만우절 장난이야? 그렇다면 만우절 역사상 최악의 장난인걸?"

전학생의 이름은 서배너 블루였다. 오늘은 서배너가 전학 온 첫날이었다.

"뭐라고?"

저스틴이 물었다.

"아니, 세상에 어떤 바보가 벌레 따위를 세고 있겠어?"

서배너가 비웃듯 말했다.

호위 선생님이 '흠흠' 하고 목청을 가다듬었다. 기침을 하고 싶어서가 아니었다. 호위 선생님이 이런 소리를 내는 것은 일종의 경고 신호였다. 반 아이들 모두 이 사실을 잘 알고 있었다. 하지만 학교에 전학 와서 처음 등교한 서배너 블루는 이 사실을 몰랐다.

"그리고 그 괴상한 옷차림은 뭐니? 누가 너한테 만우절 장난이라도 친 줄 알겠다."

서배너가 저스틴을 아래위로 훑어봤다.

저스틴은 자신의 옷차림이 마음에 들었다. 오늘은 노란색과 보라색을 맞춰 입었다. 개구리 인형이 달린 모자도 저스틴이 무척 좋아하는 모자였다.

호위 선생님이 다시 한번 목청을 가다듬었다.

"서배너, 친구를 속상하게 하는 말을 하지 않기가

우리 반 규칙 중 하나란다."

"아, 죄송해요. 그런데 저스틴은 정말로 저런 옷을 좋아하는 거예요?"

서배너가 말했다.

"저스틴은 환경을 지키는 캡틴에코야. 친환경 소재로 만든 옷을 고르고, 웬만하면 중고 매장에서 사는 걸. 옷을 살 때 유행을 따르는 게 아니라 오래 입을 수 있는 패션을 생각하는 거지. 그걸 슬로 패션이라고 부른댔어."

마이클이 항의하듯 끼어들었다.

"환경 보호를 위해 멋진 아이디어도 많이 내고, 활동도 많이 했어. 한번은 버려진 페트병을 모아 온실을 만들었어. 걸어 다니는 스쿨버스도 만들었고. 또……."

이번에는 사프다르가 설명했다.

"뭐? 그럼 오늘 걸어서 학교에 온 게 쟤 때문이라는

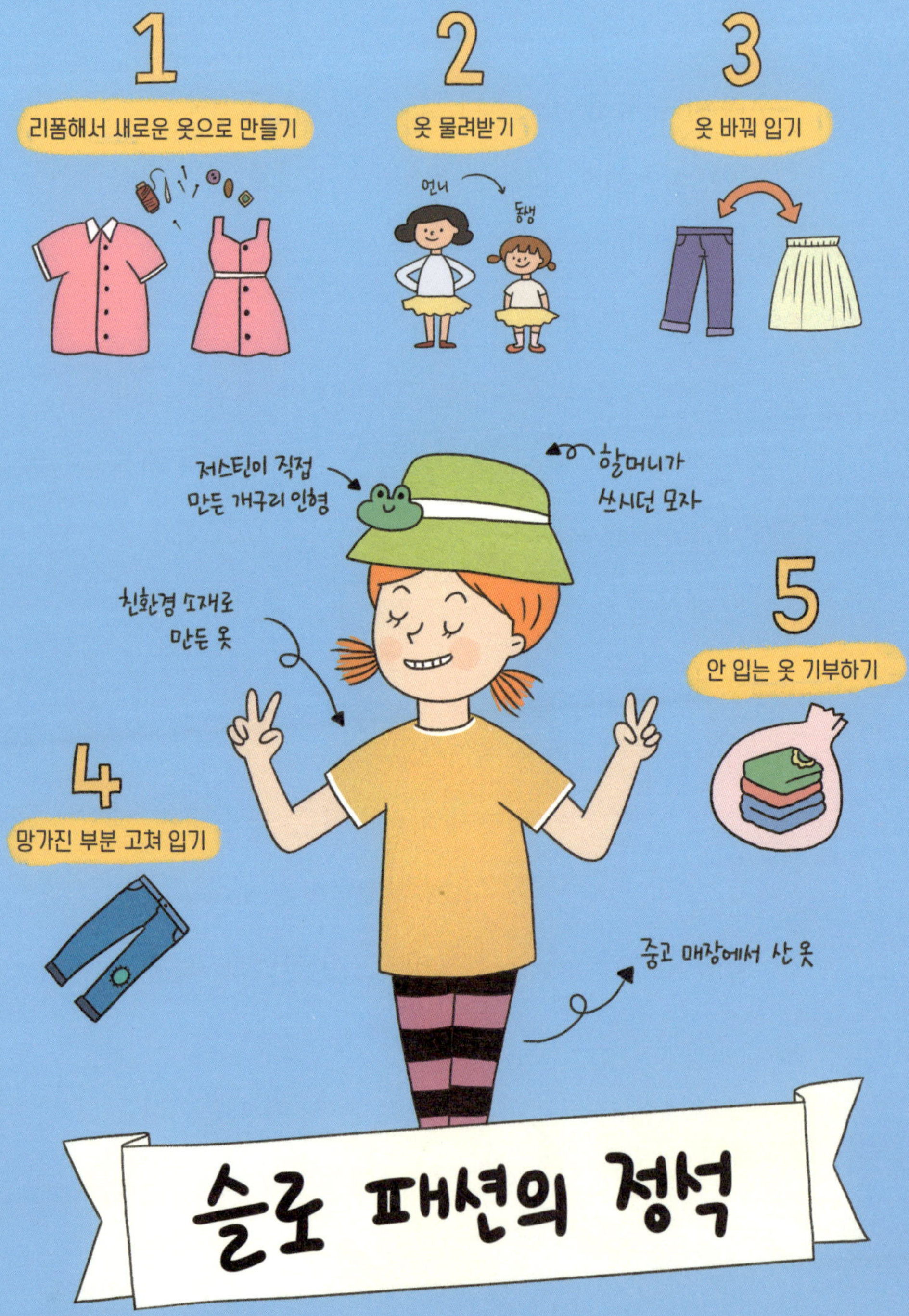
1
리폼해서 새로운 옷으로 만들기
2
옷 물려받기
언니
동생
3
옷 바꿔 입기
저스틴이 직접
만든 개구리 인형
할머니가
쓰시던 모자
친환경 소재로
만든 옷
5
안 입는 옷 기부하기
4
망가진 부분 고쳐 입기
중고 매장에서 산 옷
슬로 패션의 정석

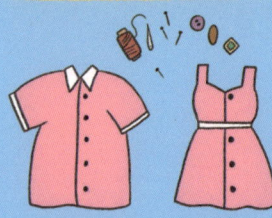

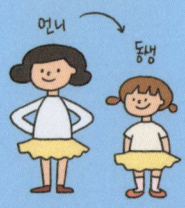

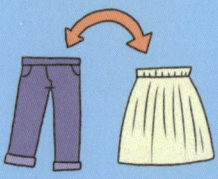

거야? 끝내주는군."

날카로운 말투 탓에 반 아이들 모두 서배너가 학교에 걸어와서 신이 난 게 아니라는 것을 알 수 있었다.

"우리 학교는 교실 창문마다 새들이 잘 볼 수 있도록 스티커를 일정한 간격으로 붙였어. 그래야 새들이 유리창을 보지 못하고 창문에 부딪히는 걸 막을 수 있거든. 저스틴이 큰 역할을 했고."

시드니라는 아이도 거들었다.

"학교 식당에서는 음식을 먹을 만큼만 받아서 음식 쓰레기를 줄이고 있지. 공원에 널린 개똥을 모아 전기를 만드는 프로젝트도 하고 있어."

마이클이 덧붙였다.

"우아, 개똥을 모아서 어디에 쓴다고? 나도 할래. 어디서 신청하면 되니?"

서배너가 신이 난 표정을 연기하며 말했다.

호위 선생님이 다시 한번 목을 가다듬었다.

"서배너, 우리 반에서는 빈정대는 말투도 금지란다. 상대방을 약 올리는 나쁜 태도니까."

"빈정대는 게 아니에요. 하지만 왜 제가 개구리나 거미가 얼마나 있는지 세야 하죠?"

서배너가 물었다.

아이들 모두 저스틴을 쳐다봤다. 서배너와 마찬가지로 저스틴에게 이유를 듣고 싶었던 것이다. 왜냐하면 저스틴은 환경을 지키는 캡틴에코니까 분명 환경을 위한 일일 테니 말이다.

"이건 과학자들이 주도하는 프로젝트야."

저스틴이 말했다.

"과학자들은 지구에서 어떤 일이 벌어지고 있는지 조사하기 위해 생물 개체 수를 수집해서 연구에 활용하거든."

생물 개체 수 세기 방법

1. 일정한 지역을 정해요.

우리는 학교 뒷산으로 갈 거야!

2. 개체 수를 파악할 생물을 정해요.

블라초 = 새 / 사프다르 = 거미 / 마이클 = 꽃 / 서배너 = 사진 보조

3. 도감이나 스마트폰으로 생물 종을 파악해요.

4. 생물 개체 수를 세고 필기도구와 사진으로 기록해요.

1 ↓ 300
2 ↓ 220
3 ↓ 67
4 ↓ 248
→ 4종 835 송이

"그게 왜 중요한데? 비꼬는 게 아니라 정말 알고 싶어서 그래."

서배너가 팔짱을 끼며 말했다.

"어떤 지역의 생물 개체 수가 줄어드는 건 그 지역의 환경에 문제가 생겼다는 걸 암시하거든. 사실을 알아야 대책도 세울 수 있지."

저스틴이 대답했다.

"그런데 내가 왜 그런 걸 신경 써야 해? 한낱 벌레랑 개구리일 뿐인데."

서배너가 또다시 물었다.

"우리 모두 지구를 돌볼 책임이 있으니까. 환경을 보호하는 건 아주 중요한 일이야."

저스틴이 단호한 목소리로 말했다.

"우리 아빠가 환경 보호니 뭐니 떠들어 대는 사람들은 그저 관심을 받고 싶어서 그러는 거랬어."

서배너가 퉁명스럽게 대꾸하며 말을 이었다.

"난 그런 주목 따윈 받고 싶지 않아. 넌 아이들이 캡틴에코라고 불러 주는 게 기분 좋아서 그래? 그래서 중고 매장에 가서 헌 옷을 사 입는다고 떠벌리고 다니는 거야? 넌 다른 아이들과 달리 환경을 생각한다고 인정받고 싶어서 그러지? 환경 보호 어쩌고 떠들지 않는 아이들보다 네가 더 잘났다고 뽐내고 싶은 거잖아. 안 그래?"

"그게……."

처음으로 저스틴의 말문이 막혔다.

"난 이대로가 좋아. 벌레나 개구리 따위에 신경 쓸 여유가 없단 말이야. 그러니까 내가 왜 이 일을 해야 하는지 그럴듯한 이유를 내놓지 못하면 난 참여하지 않겠어."

호위 선생님이 양손으로 교탁을 탁 소리가 나게 짚

었다. 반 아이들은 모두 낌새가 좋지 않아서 호위 선생님의 눈치를 살폈다.

"이제 보니, 서배너에게 새로운 과제를 하나 내야겠구나. 저스틴을 도와 숲에 가서 생물 개체 수를 세고 환경을 지키는 게 왜 중요한지 저스틴과 함께 지구의 날에 발표하렴."

호위 선생님이 단호하게 말해서 서배너는 입을 다물 수밖에 없었다.

환경에 **관심** 가지기

지구를 지키는 환경 감수성

환경 감수성은 자연환경에 공감하고 자연 친화적인 태도를 말해. 환경 감수성을 가지면 자연스럽게 생명을 존중하게 될 거야.

환경을 보호하지 않으면 모두 위험해!

자연을 관찰하며 자연과 친해지기

집과 학교 주변에 있는 동식물을 관찰해 보자. 나무와 꽃 이름에 관심을 가지고 계절마다 어떤 곤충이 보이는지 살펴보고 우리 동네에 어떤 새가 사는지 알아보면, 얼마나 다양한 생물들이 함께 어울려 살아가고 있는지 깨닫게 될 거야. 이러한 체험은 환경 감수성을 일깨우고, 환경을 보호해야겠다는 마음으로 이어질 거야.

생물 개체 수를 세는 과학자들

전 세계 과학자들은 지구상에 얼마만큼의 생물이 서식하고 있는지 파악하기 위해 노력하고 있어. 생물이 사는 서식지에서 직접 관찰하면서 개체 수를 일일이 조사하거나, 동물일 경우 행동 범위에 따라 배설물이나 자주 다니는 길을 조사해서 파악하기도 하지. 무인 감시 카메라나 드론을 이용하기도 해. 이렇게 생물 개체 수를 세는 가장 큰 이유는 동식물을 보호하기 위해서야. 개체 수 자료는 생물이 사는 환경이 어떤 상태인지 평가할 수 있고, 멸종 위기에 처한 종이나 희귀한 종을 보호하는 데 도움이 된다고 해.

2 사슴 똥 먹은 척하기 계획

점심시간에 서배너는 저스틴과 마이클, 사프다르, 블라초가 모여 앉아 점심을 먹고 있는 식탁으로 다가왔다. 서배너는 양손에 물이 든 유리컵 두 개를 들고 있었다.

"서배너가 이리로 오고 있어."

사프다르가 블라초에게 속삭였다.

"넌 이름이 뭐야?"

서배너가 대뜸 블라초에게 물었다.

"지미 블라초."

블라초가 자리에서 일어나 팔짱을 끼고 서배너에게 낮은 목소리로 으름장을 놓았다.

"네가 수업 시간에 저스틴을 골탕 먹였다며."

"아이고, 그렇게 노려보니까 무섭다, 블라초."

서배너가 대꾸했다.

"아무도 날 블라초라고 부를 수 없어, 저스틴 빼고."

블라초가 으르렁거리듯 말했다.

"블라초 너 앞니에 상추 꼈어. 진짜 바보 같아. 자리에 좀 앉지 그래?"

서배너가 말했다.

"으악."

블라초가 얼른 혓바닥으로 이를 훔쳤다.

"앉으라니까."

서배너가 블라초의 어깨를 지그시 눌러 자리에 앉히며 말했다.

"잘했어, 블라초."

서배너는 저스틴 옆자리에 앉았다. 그러고는 마이클, 사프다르, 블라초의 얼굴을 둘러봤다. 모두들 서배너를 보고 얼굴을 찌푸렸다.

"저런, 너희는 내가 그렇게 싫으니?"

서배너가 물었다.

"넌 다른 자리에 가서 앉는 게 어때? 블라초 아니, 지미. 네 생각도 그렇지?"

사프다르가 말했지만, 블라초는 이에 낀 상추를 빼느라 정신이 없었다.

"괜찮아. 처음 전학 왔을 때 기분이 어떤지 나도 잘 아니까. 서배너랑 같이 먹으면 좋을 것 같아."

저스틴이 말했다.

"쟤가 너한테 그렇게 망신을 줬는데, 같이 점심을 먹겠다고?"

마이클이 깜짝 놀라서 물었다.

"걱정 마. 금방 갈 거니까. 나도 덜떨어진 애들하고 오래 있고 싶은 마음 없거든. 캡틴에코랑 할 얘기가 있어서 온 거야. 근데 무슨 별명이 그 모양이야. 캡틴 에코라니!"

"비아냥 대장으로 불리는 것보단 낫지."

마이클이 받아쳤다.

"오, 그거 맘에 든다. 첫날부터 나한테도 별명이 생

겼네. 비아냥 대장이라니!"

서배너가 으스댔다.

"으윽."

블라초가 마음에 들지 않아서 앓는 소리를 냈다.

"가만있어, 블라초. 금방 끝나니까. 캡틴에코한테 내기를 제안하려고."

서배너가 말했다.

"난 내기에 관심 없는데."

저스틴이 어깨를 한 번 으쓱하며 말했다.

"벌레랑 개구리 숫자나 세는 한심한 숙제에 날 끌어들인 게 너잖아. 그러니까 나는 이 숙제에서 빠져나갈 방법을 내놓는 거야. 설마 나하고 맞붙는 게 무서운 건 아니지?"

"무섭긴……."

저스틴이 대답했다.

"내가 할게. 저스틴 대신 내가 하겠어. 어떤 내기야?"

블라초가 입술을 씰룩거리며 말했다.

"간단해."

서배너가 말을 이었다.

"물을 가득 채운 유리컵을 손등에 올리는 거야. 물은 한 방울도 흘려선 안 돼. 물을 조금이라도 흘리거나 도와 달라고 하면 저스틴이 내 몫까지 벌레랑 개구리 숫자 다 세는 거다. 지구의 날에 같이 발표하기로 한 보고서도 당연히 저스틴이 혼자 다 쓰고."

"동영상도 찍어야 하잖아. 숲에 가서 생물 개체 수 셀 때 동영상에 네 얼굴도 나와야 해."

마이클이 말했다.

"좋아, 너희가 숙제하는 동안 난 나무 밑에서 쉬면서 태블릿으로 게임이나 하지 뭐. 벌레랑 개구리 숫자

세기는 너희나 해."

서배너가 대꾸했다.

"그건 네가 이겼을 때 얘기지. 이래 봬도 내가 달리기 선수인데, 손등에 물컵 올리는 것쯤이야 식은 죽 먹기지."

블라초가 의기양양하게 말했다.

"한 방울도 흘리면 안 되는 거 알지? 아무도 도와주면 안 돼. 알겠지?"

서배너가 블라초를 똑바로 쳐다보며 말했다.

"내가 물을 한 방울도 안 흘리고 유리컵을 손등에 올리면 네가 생물 숫자 세기 다 하는 건 물론이고, 비아냥 대장 노릇도 그만둬. 알겠지?"

블라초는 서배너에게 질 수 없다는 듯이 으름장을 놓았다.

"블라초, 네가 나서지 않아도 돼. 서배너가 거미랑

개구리 숫자 세는 걸 싫어한다면 어쩔 수 없지. 내가 다 하면 돼."

저스틴이 블라초를 말렸다.

"그럴 순 없어. 누가 저 비아냥 대장의 기를 꺾어 놔야 해."

블라초가 고개를 저으며 말했다.

"그럼 하는 거다. 네 손등에 물컵 올려놔. 아무도 도와주지 마. 물 한 방울도 흘리지 않으면 내가 숙제도 다 하고 비아냥 대장 자리도 내려놓을게. 마음에 드는 별명이었는데, 아쉽지만 할 수 없지."

"좋아, 붙어 보자고!"

블라초가 기세등등하게 목소리를 높였다.

"식탁 위에 손 올리고 손바닥을 바닥에 대."

서배너가 말했다.

블라초는 손바닥을 식탁 위에 갖다 댔다. 서배너는

블라초의 오른쪽 손등 위에 찰랑거리는 물컵을 올려 뒀다. 그런 다음 왼쪽 손등에도 물컵을 올렸다.
"봤지? 성공이야! 물 한 방울도 안 흘렸어."
블라초가 소리쳤다.
"잊지 마. 한 방울도 흘리면 안 돼. 아무도 도와주면 안 되는 것도 알지?"
서배너가 두 눈을 동그랗게 뜨고 아직은

아니라는 듯이 말했다.

"자세히 봐. 흔들리지도 않잖아. 컵에 물 좀 더 부어 봐. 그래도 물 한 방울도 흘리지 않을 자신이 있다고! 말했잖아, 나 달리기 선수라고."

"진짜 흔들리지도 않네. 굉장해, 블라초."

서배너가 순순히 맞장구를 쳤다.

"자, 이제 어떡하면 돼?"

블라초가 물었다.

"어떡하긴 뭘 어떡해. 참, 시간 제한은 없다고 말했던가? 움직이지 말고 계속 가만히 있으라고."

서배너가 대답했다.

그때 수업 시작종이 울렸다. 블라초와 서배너의 내기를 구경하던 학생들 모두 자리에서 일어나 교실로 돌아갔다.

저스틴, 사프다르, 마이클도 자리에서 일어섰다. 서

배너도 일어났다.

블라초는 양쪽 손등 위에 놓인 물컵 두 개를 바라보며 꼼짝없이 식탁 앞에 앉아 있었다.

"야, 나도 교실로 가야 해."

블라초가 당황해서 서배너에게 말했다.

"행운을 빌어. 아무도 도와주기 없기다, 알지? 물 한 방울도 흘리지 않고 식탁에서 손 뗄 수 있으면 해 봐. 그럼 나도 네 실력을 인정할게. 아이고, 조금 있으면 수업 시작하겠네."

서배너가 어깨를 으쓱거렸다.

블라초는 손등에 올려놓은 물컵을 노려봤다. 그러더니 분하다는 듯 앓는 소리를 내며, 식탁 위 양손 사이로 이마를 쿵 찧었다. 뛰어난 운동 신경을 발휘해 물은 한 방울도 흘리지 않았다.

"오호, 역시 난 비아냥 대장이라니까. 아주 마음에

드는 별명이야. 티셔츠에 내 별명을 한번 새겨 볼까?"

서배너는 신난 목소리로 말했다.

수업을 마치고 저스틴과 마이클, 사프다르, 블라초는 여느 때처럼 화단 앞 벤치에서 모였다.

"서배너한테 복수할 방법이 떠올랐어."

사프다르가 말했다.

"좋은 생각이야. 물컵으로 너 골탕 먹인 것도 갚아 줘야지."

마이클이 블라초에게 말했다.

"장난치는 거라면 무조건 찬성이지."

블라초가 고개를 끄덕이며 대답했다.

"너희 책상에 장난감 뱀 넣은 것도 내 솜씨거든. 만우절이잖아. 그런데……."

블라초가 말끝을 잠시 흐리다가 이어서 이야기했다.

"사실 서배너가 물컵으로 날 속인 게 대단하다는 생각이 들어. 이런 말 하면 너희가 싫어할지 모르지만, 서배너랑 친구 하고 싶은 마음도 들더라."

"뭐라고? 걔가 저스틴한테 하는 말을 네가 못 들어서 그래!"

"나도 들었어. 너희가 스무 번이나 말해 줬잖아. 하지만 서배너를 보면 누군가가 떠오른단 말이야."

블라초는 대꾸를 마치고 저스틴을 가리켰다.

"글쎄, 난 그래도 서배너가 숙제에서 빠지겠다면 대가를 치러야 한다고 생각해."

사프다르가 말했다.

"당연하지. 그래서 어떻게 골릴 건데?"

마이클이 물었다.

"우리가 사슴 똥을 먹은 척하는 거야! 그럼 서배너는 구역질 난다고 난리가 날 테고, 우린 마지막에 웃는 승자가 되는 거지."

마이클과 사프다르는 서로 손바닥을 내밀어 짝 소

리가 나게 마주쳤다.

"그런데 어떻게 사슴 똥을 먹은 척하지?"

감탄하던 마이클이 되물었다.

"간단해. 숲에서 내가 너희보다 앞서서 갈게. 우리가 만날 장소에 미리 가서 초콜릿 바른 건포도를 떨어뜨려 두려고. 도착하면 너희 중 하나가 그 건포도를 주워서 먹어."

동물들의 다양한 똥

판다

대나무 잎을 잘 소화시키지 못해서 녹색 똥

웜뱃

독특한 장 구조 때문에 네모난 똥

*음식물 피꺼기가 장의 늘어나는 부분과 뻣뻣한 부분에 반복해 부딪히면서 주사위 모양으로 만들어진대!

사프다르가 차분히 설명했다.

"내가 건포도를 주워 먹을게."

마이클이 스스로 나서더니 손을 들고 질문했다.

"그런데 사슴 똥이 초콜릿 바른 건포도처럼 생긴 건 어떻게 알았어?"

"동물들의 다양한 똥을 인터넷으로 검색해 봤거든. 눈으로 봐서는 구별하기 힘들어."

사프다르가 눈을 반짝이며 말했다.

"이 계획 마음에 드는데? 좋아, 난 할래. 저스틴이 웃음을 되찾을지도 모르잖아."

마이클이 어쩐지 말이 없는 저스틴을 가리키며 대답했다.

다음 날은 토요일이었다. 저스틴은 제시간에 모인 아이들을 숲속으로 이끌었다. 그리고 가파른 내리막길을 지나 습지로 향했다.

"개구리랑 두꺼비는 습지에서 아주 중요한 생물이야."

길을 따라가며 저스틴이 말했다.

"벌레를 왕창 먹어 치우는 포식자거든. 그런데 뱀, 올빼미, 큰 물고기, 백로, 왜가리 등한테는 맛있는 먹잇감이 되기도 해."

"으윽."

서배너가 앓는 소리를 냈다.

서배너는 태블릿을 들고 맨 끝에서 따라오고 있었

다. 마이클과 블라초는 서배너보다 앞서서 저스틴을 뒤따르고 있었다. 사프다르는 이미 한참 전에 저스틴을 앞질러 뛰어갔다. 아이들과 만나기로 한 커다란 나무 부근에 초콜릿 바른 건포도를 떨어뜨려 놓을 속셈이었다.

"뭐가 더 역겨운지 모르겠네. 벌레를 먹는 거랑 개구리를 먹는 거 중에서 말이야. 나 지금 토할 것 같은데 속이 가라앉게 초콜릿 밀크셰이크 좀 줄래?"

서배너가 비아냥거렸다.

"파리도 밀크셰이크를 좋아해."

저스틴이 말했다.

"진짜야?"

서배너가 흥미롭다는 듯 물었다.

"정말이야? 처음 듣는 이야기네."

블라초도 거들었다.

"파리는 이빨이 없거든. 그래서 단 음식이 먹고 싶으면 소화액을 뱉어서 그 음식을 녹인 다음에 주둥이로 빨아 먹어. 꼭 밀크셰이크 먹는 것 같지 않아?"

"너 진짜 구역질 난다."

서배너가 저스틴에게 말했다.

"길 잃어버릴 걱정만 없다면 너한테서 멀찌감치 떨어져서 가고 싶다. 네가 하는 이야기는 한마디도 듣고 싶지 않거든."

서배너는 미간을 잔뜩 찡그렸다.

"길을 잃은 건 사프다르 같은데. 아까부터 안 보여. 그래도 걱정은 안 해. 곧 나타날 녀석이거든. 어디서 만나기로 했는지 사프다르도 아니까."

마이클이 눈을 가늘게 뜨며 의미심장하게 말했다. 마이클은 서배너를 더 구역질 나게 만들어 줄 생각에 혼자 씩 웃었다.

"그러거나 말거나. 난 끝날 때까지 기다릴 테니까, 앉아서 쉴 수 있는 곳으로 어디든 데려다줘."

서배너가 말했다.

"개구리 얘기나 더 해 봐."

블라초가 서배너를 무시하며 흥미롭다는 듯이 저스틴에게 말했다.

블라초는 새 그림이 그려진 상의를 입고 있었다. 블라초는 유리창에 부딪힌 새를 구하고 나서 '버드맨'이라는 별명을 얻었다. 그만큼 블라초는 새를 비롯해 동물들에 관심이 많았다.

"개구리 개체 수가 줄어들면, 과학자들은 어떤 환경문제가 생겼을 거라고 예측해. 대기 오염이 심해서 지표면에 자외선이 너무 많이 도달하고 있다든가, 아니면 농사를 지으면서 살충제를 너무 많이 쓰고 있다든가 말이지. 그러니까 우리가 개구리 숫자를 세서 개체 수를 파악한다면 자연에서 어떤 일이 벌어지고 있는지 알 수 있다는 거야."

저스틴이 눈빛을 반짝였다.

"그런데 개구리는 어떻게 찾지? 꽃을 세는 게 훨씬 쉬울 거 같은데."

블라초가 물었다.

"개구리는 소리로 찾는 게 더 쉬워."

저스틴이 대답했다.

"개구리들은 숨는 데 귀신이거든."

"이게 말이야, 방귀야. 설마 소리만 듣고 개구리를 찾을 수 있다는 거야?"

서배너의 눈이 휘둥그레졌다.

"우리 동네 생태 학습관에서 양서류 수업을 들었는데, 개구리를 관찰하는 법도 배웠거든."

저스틴이 고개를 끄덕이며 대답했다.

"개구리 관찰이라니 시간 낭비잖아. 차라리 그 시간에 게임이나 할래. 그거야말로 시간을 알차게 쓰는 방법이라고."

서배너가 퉁명스럽게 반박했다.

"걱정 마."

저스틴이 잠시 숨을 고르고 이야기를 이어 갔다.

"무슨 말인지 알겠어. 넌 여기서 쉬면서 태블릿으로 게임 하고 있어. 너한테 개구리 찾는 거 도와 달라고 하지 않을게. 거미나 꽃 찾는 것도 도와주지 않아도 돼. 어쨌든 네가 내기에서 블라초를 이겼으니까."

"이것 좀 봐! 사슴 똥이야!"

마이클이 땅바닥에 있는 시커먼 알갱이들을 가리키며 외쳤다.

"웩, 사슴 똥이라니. 나 지금 화장실에 들어와 있는 거잖아. 숲 전체가 동물 화장실이었어! 난 그만 가야

겠어. 텔레비전도 있고 에어컨도 있는 곳으로 돌아가고 싶단 말이야!"

흥분한 서배너가 속사포처럼 말을 쏟아 냈다.

"사슴 똥 맞아?"

블라초가 마이클에게 물었다. 미리 짜 둔 각본대로였다.

살려 줘! 여기는 다 똥밭이야

"사슴 똥인지 아닌지 알아보는 방법이 딱 한 가지 있지."

바닥에 떨어져 있는 시커먼 알갱이 몇 개를 주우며 마이클이 말했다.

"맛을 보면 되지."

마이클은 알갱이들을 입에 쏙 넣었다.

그런데 웬일인지 마이클은 두 눈을 크게 뜨고 입에 든 알갱이들을 뱉고 또 뱉었다.

그때 사프다르가 덤불 사이에서 폴짝 뛰어나왔다.

"여기 있었구나. 너희 목소리가 들려서 이리로 왔어. 그런데 우리 저 앞에서 만나기로 하지 않았어? 얼마나 기다렸는데."

마이클은 아무 말도 할 수 없었다. 입에 든 것을 뱉고 기침을 하고 손으로 혀를 닦아 내느라 정신이 없었다.

"야, 쟤 왜 저러냐?"

사프다르가 물었다.

블라초가 땅바닥에 있는 검은 알갱이들을 가리키며 말했다.

"저걸 주워 먹었거든."

"저걸 먹었단 말이야?"

사프다르가 알갱이를 자세히 들여다보며 말했다.

"우아, 진짜 사슴 똥은 이렇게 생겼구나. 내가 만날 장소를 착각했나 보다."

그 이야기를 듣자마자 마이클은 소리를 지르며 사프다르를 잡으러 쫓아갔다.

소셜! 환경 키워드를 **공유**하기

생태계에는 다양한 생물이 서로 영향을 주고받으며 살아가고 있어!

사람들이 환경 오염을 일으켜 어떤 생물 종은 개체 수가 줄어들었고, 심지어 멸종돼 가는 생물 종도 있어. 사람도 생태계의 한 구성원임을 생각하고, 생물 다양성을 지키기 위해 노력해야 해.

#생물 다양성   +

지구에 사는 모든 생물의 다양성을 말해. 생물 종의 다양성, 생물이 서식하는 생태계의 다양성, 생물이 지닌 유전자의 다양성을 모두 포함하지. 생물 다양성이 무너지면 생태계를 이루는 균형이 무너지고, 결국 사람도 살아남기 힘들어질 거야.

생물다양성 파괴의 원인

무분별한 개발로 동식물의 서식지 감소

환경 오염으로 인한 기후 변화

외래 생물이 침입해서 토착 생물 위협

#꿀벌 실종 사건

세계 곳곳에서 꿀벌이 사라지고 있어. 꿀벌은 꽃가루를 날라 줘서 식물들이 열매를 맺고 씨앗을 만들게 해 주는 곤충이야. 사과, 오렌지, 오이, 브로콜리, 아몬드 등 우리가 먹는 과일과 채소는 꿀벌 덕분이라고 할 수 있지. 그런데 꿀벌이 사라진다면 어떻게 될까? 꿀벌과 연관된 생태계가 파괴되면 사람들이 먹을 수 있는 식량이 부족해질 거야. 꿀벌이 사라진 원인은 서식지 감소, 살충제, 기후 변화 등 다양해. 그러니까 사람들은 적극적으로 환경문제를 해결해야만 해.

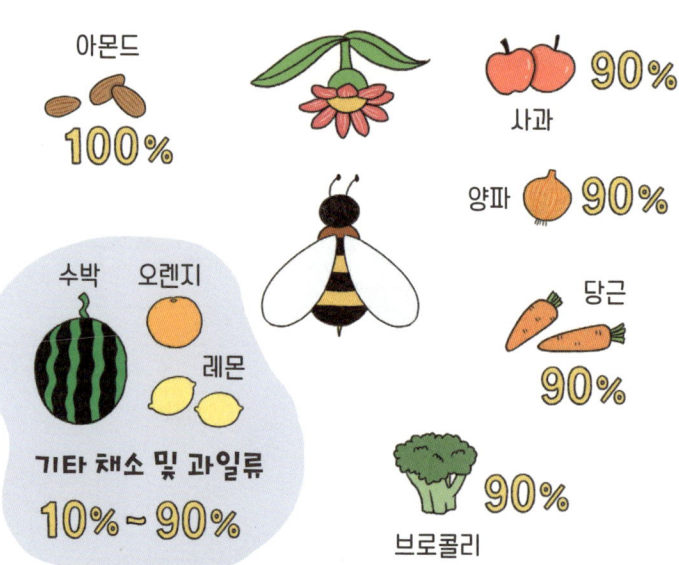

※참고 자료 | 미국 코넬대학교

#멸종 위기 종

개체 수가 매우 줄어들어서 멸종할 위험에 처한 생물 종을 국제자연보전 연맹이나 각 나라에서 '멸종 위기 종'으로 지정하고 위기의 정도에 따라 등급을 나누어 관리하고 있어. 예를 들어 꿀벌의 개체 수가 급격히 줄어들어서, 미국 정부는 2016년에 세계 최초로 꿀벌을 멸종 위기 종으로 지정했어. 그리고 한국에서 지정한 멸종 위기 종으로 늑대, 반달가슴곰, 황새 등이 있어.

비아냥 대장이랑 친구가 되고 싶어

저스틴과 사프다르는 습지 부근에서 몸통이 잘려 나가 밑동만 남은 나무를 발견했다. 키 큰 나무들이 드리운 그늘 아래 앉아 편안히 쉴 수 있는 곳이었다.

"내가 왜 거미를 세야 하지? 마이클이랑 지미는 쉬운 일을 맡았는데."

사프다르가 투덜거렸다.

"마이클은 스마트폰에 앱도 깔았더라. 풀이나 나무에서 피는 꽃 사진만 찍으면 되잖아."

"그것도 분명히 과학자들에게 도움이 될 거야."

저스틴이 고개를 끄덕이며 계속 말을 이었다.

"꽃은 기후 변화에 민감하니까 과학자들이 기후 변화에 대처할 계획을 세우려면 꽃이 언제 어디서 피는지 많이 알수록 좋아."

"알아, 나도 안다고. 게다가 지미는 갑자기 자기가 좋아하는 새 개체 수를 세겠다고 했잖아. 얼마나 잘 찾겠어. 하지만 거미는 찾기 어렵잖아! 꽃과 새는 눈에 바로 보이지만, 거미는 숨어서 나오지도 않는다고."

사프다르가 투덜거렸다.

"음…… 도움이 될지 모르겠지만, 집 밖에만 나가도 2미터 안에 거미가 한 마리는 있을 만큼 흔해. 실내에도 3미터 안에 거미 한 마리는 꼭 숨어 있어."

저스틴이 말했다.

"진짜야?"

사프다르가 벌떡 일어나

서 바지를 마구 털었다.

"우선 거미가 보이는 대로 스마트폰으로 사진 찍어서 숫자를 세 봐. 그러고 나서 학교에서 같이 도감이나 인터넷으로 비교해 보면서 거미 종을 분류해 보자."

저스틴의 말에 사프다르는 고개를 끄덕이며 나무 밑동 아래를 찬찬히 살펴봤다. 그런 다음 주위 덤불에

얽혀 있는 나뭇가지들을 옆으로 젖혔다.

"그런데 너 되게 조용하다."

사프다르가 저스틴에게 말했다.

"난 개구리를 찾아야 해서 개구리 소리를 듣고 있어."

"아니, 화난 것 같은데. 네 맘 이해해. 서배너 진짜 못됐어. 자꾸만 널 나쁜 사람으로 만들잖아."

사프다르가 인상을 찌푸리며 말했다.

"사람들이 못되게 구는 건 남한테 관심받고 싶어서 그런 거래. 우리 할머니가 말씀해 주셨어."

저스틴이 어깨를 으쓱이며 계속 말했다.

"사실은 친구가 필요해서 그런 걸 거야. 서배너만 좋다면, 난 그 애랑 친구가 되고 싶어."

"아…… 그래서 네가 서배너가 심통 부리는 걸 다 받아 준 거구나."

사프다르가 고개를 끄덕였다.

"어쨌든 사슴 똥 먹은 척하기 계획은 별로 좋은 생각은 아니었던 것 같아."

저스틴이 고개를 숙이며 말했다.

사프다르가 나뭇가지를 집어 들며 물었다.

"마이클이 나한테 화가 많이 났겠지?"

"우리가 와 있는 곳을 봐. 여긴 숲이잖아. 누구라도 그런 실수는 할 수 있어. 초콜릿 바른 건포도를 엉뚱한 장소에 갖다 둘 수 있다고."

저스틴이 대답했다.

"마이클도 그래. 그걸 입에 넣기 전에 자세히 살펴봤어야지. 안 그러냐?"

사프다르가 말했지만, 저스틴은 아무 대꾸도 하지 않았다. 그 대신 무언가를 골똘히 생각하는 듯 앞만 바라봤다.

"안 그래? 안 그러냐고?"

사프다르가 재촉하듯 되물었다.

"만약에 말이야. 서배너 말이 맞으면 어떡하지? 서배너가 비아냥 대장이 되려는 것과 같은 이유로 내가 스스로 캡틴에코라고 내세우는 거라면 말이야. 내가 남들 관심을 끌려고 환경에 신경 쓰는 거라면? 남보다 특별하다는 걸 과시하려고 그러는 거라면? 이게 다 내가 만족하려고 그러는 거라면 말이야."

갑자기 저스틴이 봇물 터지듯 말했다.

"그게 뭐 어때서? 사람들은 모두 자기 스스로 만족하고 싶어 하잖아."

사프다르가 대답했다.

"하지만 난 왜 환경을 보호해야 하는지 그 이유를 쉽게 말하지 못했어. 30년 안에 생물 종의 20퍼센트가 사라질 수 있다는 통계 자료는 쉽게 찾으면서 말

이지."

저스틴은 덤불 쪽을 유심히 쳐다보며 말을 이었다.

"서배너 말이 맞을지도 몰라. 일상에서 아무리 환경 보호를 한다 해도 달라질 건 없어. 도대체 환경을 지키는 게 왜 중요한 걸까?"

저스틴이 사프다르의 대답을 기다렸다.

"사프다르? 사프다르?"

저스틴은 사프다르를 불러도 대답이 없자 뒤돌아봤다. 사프다르는 웅크리고 앉아 근처에 있는 다른 덤

불을 들여다보고 있었다.

"이거 좀 봐."

사프다르가 덤불을 헤치며 말했다.

"너, 거미가 거미줄 치는 거 본 적 있어? 진짜 신기하다."

사프다르가 거미줄에 스마트폰을 바짝 들이대고

동영상을 찍는 동안 저스틴도 사프다르 곁에 무릎을 꿇고 앉았다. 거미줄이 나뭇가지 이 끝에서 저 끝까지 넓게 펼쳐져 있었다.

"와, 진짜 멋있다!"

저스틴도 탄성을 질렀다.

둘은 20분 동안이나 넋을 놓고 거미줄을 구경하느라 서배너는 까맣게 잊었다.

생물 다양성이 사라지고 있어!

20분 마다

세계에서 생물 한 종 이상이 사라지고 있어요. 현재의 속도라면 **30**년 안에 생물 종의 **20%**가 소멸해요.

 블라쵸와 마이클, 저스틴과 사프다르는 각자 맡은 생물 개체 수를 세고 다시 만났다.
 "마이클이랑 이쪽으로 오다가 새끼 사슴을 봤어. 진짜 작더라. 움직이지도 않고 몸을 동그랗게 웅크린 채 앉아 있더라고. 스마트폰으로 동영상 찍어 놨어."
 블라쵸가 입이 귀에 걸리도록 활짝 웃으며 말했다.

"나도 인터넷에 새끼 사슴 검색해 봤어."

마이클이 말했다.

"어미 사슴이 먹이를 구하러 가는 동안 새끼를 거기 남겨 뒀나 봐. 새끼 사슴은 건드리면 안 된다고 나와 있더라."

마이클도 블라초만큼이나 흥분한 것 같았다.

"나도 새끼 사슴한테서 사람 냄새가 나면 어미가 새끼를 버릴 수도 있다고 들은 거 같아. 숲속에서 야생 동물을 만나면 함부로 만지지 말고 지켜보는 걸로 충분하다고 생각해."

블라초가 덧붙여 설명했다.

아이들이 길을 따라 걷는 동안, 블라초가 사프다르와 저스틴에게 새끼 사슴 영상을 보여 줬다.

"와! 내가 찍은 거미 동영상도 보여 줄게."

사프다르가 말했다. 블라초와 마이클도 사프다르

의 영상을 봤다.

"게임보다 이게 훨씬 재미있다!"

마이클이 외쳤다.

"이런 재밌는 걸 놓치다니, 서배너만 손해지 뭐."

"저 위 좀 봐. 서배너가 나무 위에 올라가 있어."

저스틴이 아이들에게 말했다.

"아마 우리 골탕 먹이려고 꼼수 부리고 있겠지."

블라초가 말했다.

"좋은 생각이 있어."

저스틴이 블라초, 마이클, 사프다르에게 자신의 계획을 속닥거렸다.

"정말 그렇게 하고 싶은 거야?"

마이클이 저스틴에게 물었다.

"서배너는 그렇게 대해 줄 필요가 없는 애라고."

사프다르도 어리둥절해서 말했다.

"내가 볼 땐 좋은 생각이야. 그렇게 하자."

블라초가 마이클과 사프다르를 노려보며 말했다.

"알았어, 나도 좋은…… 생각 같아."

마이클이 더듬거리며 대답했다.

"나도 좋아……. 그럼 그렇게 해."

사프다르도 마지못해 거들었다.

마침내 서배너가 올라가 있는 나무 아래 도착하자 저스틴이 말했다.

"얘들아, 서배너 못 봤어?"

"무사했으면 좋겠는데. 난 걔 맘에 들거든. 길 잃고 헤매고 있으면 안 되는데."

블라초가 대답했다.

"응, 나도 서배너가 좋아. 같이 있으면 웃게 돼."

사프다르가 맞장구를 쳤다.

"서배너가 우리 학교로 전학 와서 다행이야. 내일 점심시간에 우리랑 같이 앉으면 좋겠다."

마이클도 거들었다.

"맞아, 서배너랑 친구가 되면 좋겠어!"

저스틴이 쐐기를 박았다.

그때 나무 위 가지에 앉아 있던 서배너가 아래를 내려다보며 말했다.

"이 바보들아. 나 여기 있는 거 다 알면서 모른 척하는 거잖아. 내가 모를 줄 알아?"

"뭐, 아무렴 어때. 너랑 친구 하고 싶은 마음만은 진심이거든. 너야말로 내가 정말 중요한 질문에 대답할 수 있도록 도와준 사람이거든."

저스틴이 진지하게 말하자, 서배너는 괜히 말을 돌렸다.

"뭔 소리야, 됐고. 나 지금 되게 바쁘거든. 내 발밑 나뭇가지에 새 둥지가 있어. 아기 새가 네 마리나 돼. 어미 새가 벌레를 입에 물고 나타날 때마다 어찌나 짹짹대던지. 먹이를 받아먹으려고 입을 짝 벌리는데 진짜 귀엽더라. 태블릿으로 동영상도 찍어 놨어."

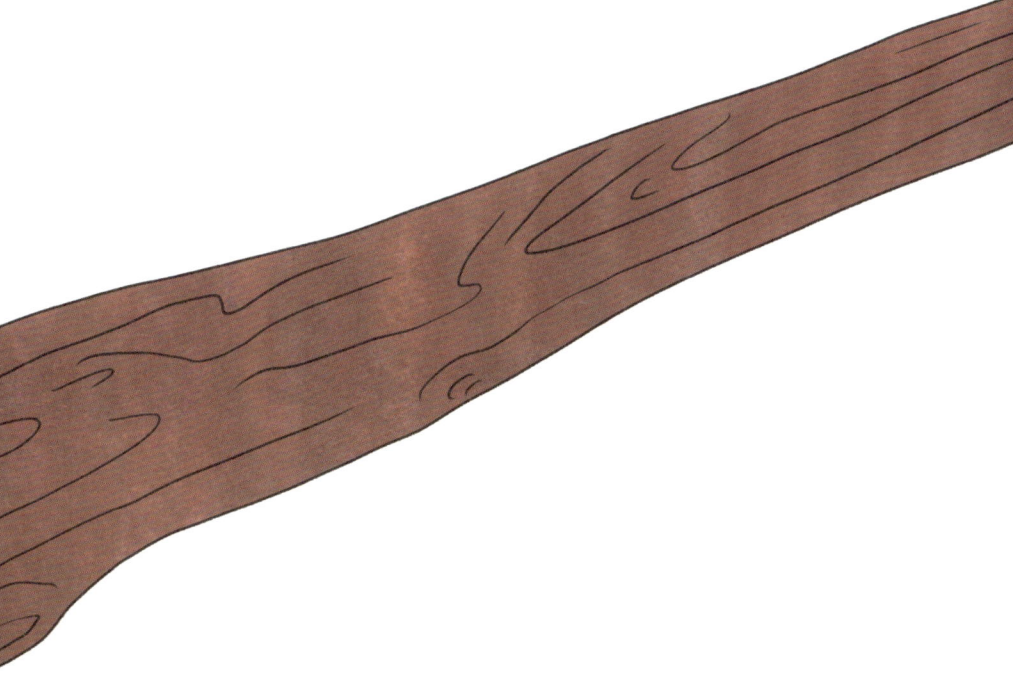

액션! 환경을 위해 실천하기

우리 동네 생태 지도 만들기

생태 지도를 만들면서 어떤 자연환경에 어떤 동식물이 서식하는지 알아보자.

아파트 단지 내 서식하는 새들

- ● 참새
- ■ 멧비둘기
- ✕ 쇠박새
- ◐ 딱새
- ● 까마귀
- △ 집비둘기
- ★ 곤줄박이
- ✤ 직박구리
- ✚ 까치

1. 장소를 정한 뒤 지도를 그리거나 출력하기

학교, 숲, 공원, 하천 등 원하는 장소를 정하고, 그곳의 지도를 인터넷에서 찾아서 간략하게 그리거나 출력하자.

2. 생태 지도의 주제 정하기

우리 동네에서 볼 수 있는 철새, 학교에서 키우는 나무, 하천에 사는 물고기, 공원에서 볼 수 있는 곤충 등 주제를 정해 보자.

3. 현장 조사하기

장소와 주제에 맞게 동식물을 찾아보고, 동식물을 찾으면 발견한 곳을 지도에 기록하자.
생물 종의 이름은 도감이나 인터넷을 통해 찾아보고, 사진이나 동영상을 찍어서 자료로 남기면 좋아.

4. 정보 공유하기

생태 지도의 정보를 환경 단체 등에서 운영하는 웹사이트, 스마트폰 앱에 공유해 보자. 수많은 사람들이 참여해서 조사한 정보는 퍼즐 조각처럼 맞춰져서 지금 자연의 모습을 파악하는 데 커다란 도움이 될 거야.

4
환경을
보호해야 하는
진짜 이유

아이들은 서배너가 나무를 타고 아래로 내려오는 모습을 지켜봤다. 거의 다 내려왔을 때 서배너가 저스틴에게 말을 건넸다.

"태블릿 좀 받아 줄래?"

"그럼."

저스틴이 고개를 끄덕였다.

서배너는 아래쪽으로 팔을 뻗어 저스틴에게 태블

릿을 건넸다. 그다음에 맨 아래 굵은 나뭇가지에 걸터앉아 그네를 타듯 다리를 앞뒤로 흔들다가 폴짝 뛰어내렸다. 머리에는 잔가지들이 붙어 있고 옷에는 잎사귀들이 붙어 있었다.

"등에 뭐 붙었네. 내가 떼어 줄게."

저스틴은 손으로 서배너의 등에 붙어 있는 개미 한 마리를 털어 냈다. 그리고 서배너에게 태블릿을 돌려 줬다.

"고마워. 나무 위에서는 꼼짝도 하지 않고 있었거든. 어미 새가 놀라서 도망갈까 봐. 그런데 사방이 개미 천지더라고. 어휴, 만약에 개미를 잡아먹는 천적마저 없었다면 어땠을까. 아마 온 세상이 개미로 뒤덮였겠지?"

서배너가 능청을 떨었다.

"개미 때문에 성가시지 않았어?"

블라초가 물었다.

"처음엔 그랬지. 하지만 개미를 건드리지 않으면 물지는 않잖아. 금방 익숙해지더라고. 개미가 내 몸에 기어올라도 참길 잘했어. 내가 찍은 동영상을 보면 왜 그런지 알게 될 거야."

"나는 서배너 네가 태블릿으로 게임이나 하고 있을 줄 알았는데."

사프다르가 말했다.

"하긴 했지."

서배너가 머리에 잔뜩 붙은 잔가지들을 떼어 내며 말했다.

"그런데 어디서 새 울음소리가 계속 들리는 거야. 도저히 게임에 집중하지 못하겠더라고. 왜 그렇게 시끄럽게 우나 보려고 나무 위로 올라갔어. 그다음은…… 나도 어쩔 수가 없더라. 새끼들이 어미 새가 물어 나르는 벌레들을 얼마나 맛있게 먹던지. 이 동영상 좀 봐."

서배너는 저스틴에게 다시 태블릿을 건네며 잠금 화면을 풀 수 있는 비밀번호도 불러 줬다.

아이들 모두 서배너가 태블릿으로 찍은 아기 새들의 모습을 지켜봤다.

"진짜 귀엽다. 우리가 찍은 새끼 사슴도 볼래?"

마이클이 말했다.

"내 건, 거미가 거미줄 치는 영상이야."

사프다르도 끼어들었다.

"응, 보고 싶어. 무지."

서배너가 대답했다.

"블라초."

저스틴이 태블릿을 든 채 블라초를 불렀다.

"블라초라고 부르지 말라니까."

블라초가 험상궂은 얼굴로 말했다.

"블라초, 이거 봐. 서배너가 우리가 나무 아래 모여 있는 모습을 찍어 둔 게 있어."

저스틴은 동영상 재생 버튼을 눌렀다.

"무사했으면 좋겠는데. 난 걔 맘에 들거든. 길 잃고 헤매고 있으면 안 되는데."

"응, 나도 서배너가 좋아. 같이 있으면 웃게 돼."

"서배너가 우리 학교로 전학 와서 다행이야. 내일 점심시간에 우리랑 같이 앉으면 좋겠다."

"맞아, 서배너랑 친구가 되면 좋겠어!"

동영상에서는 블라초, 사프다르, 마이클, 저스틴의 목소리가 차례차례 흘러나왔다.

"너희가 한 말, 진심이 아닌 거 나도 알아."

어느새 곁에 온 서배너가 말했다.

"하지만 너희가 하는 이야기를 들으니 왠지 기분이 좋더라."

"사실 너에 대해 한 얘기, 거짓말은 아니야."

블라초가 말했다.

"거짓말이 아니라고?"

서배너가 이마를 찌푸리더니, 금세 활짝 웃었다.

"그래, 블라초. 그거면 충분해."

서배너는 블라초와 손바닥을 마주쳤다. 사프다르

에게도 손바닥을 갖다 댔다. 그리고 마침내 저스틴과도 손바닥을 맞댔다.

하지만 마이클에게는 하지 않았다. 마이클은 아직 태블릿을 들여다보고 있었다.

"이 동영상은 뭐야? 내 얼굴이 나오네."

마이클이 서배너에게 물었다.

마이클이 재생 버튼을 눌렀다. 그러자 동영상에서

마이클의 목소리가 흘러나왔다.

"야! 이거 하나도 안 웃기거든."

마이클이 무슨 영상인지 알아보고 소리를 질렀다.

"무슨 소리야. 끝내주게 웃기는데."

서배너가 이어서 말했다.

"특히 인터넷에 올리면 몇 배는 더 재밌어질걸."

서배너는 마이클에게서 태블릿을 얼른 낚아챘다. 그러고는 낄낄거리며 달아나기 시작했다. 마이클이 정신을 차리고 서둘러 뒤쫓았지만, 서배너가 훨씬 빨라서 놓치고 말았다.

마침내 지구의 날이 돌아왔다. 저스틴과 블라초, 마이클, 사프다르, 그리고 서배너는 생물 개체 수 세기

생물 개체 수 세기 프로젝트 보고서

지역 : 학교 뒷산 동네 숲

조원 : 저스틴, 블라쇼, 마이클, 사프다르, 서배너

일시 : 4월 XX일 토요일 / 14:00 ~ 18:00 (총4시간)

① 개구리 3종, 39마리

(저스틴의 조사에 따르면 작년보다 개체 수 감소)

② 거미 11종, 181마리

(숲 근처 도로와 길가에서 차에 치여 죽은 거미 5마리 발견)

③ 꽃 23종, 2,747 송이

(식물마다 꽃이 피는 시기가 다름)

④ 새 20종, 465마리

(철새는 계절에 따라 이동하므로 이번 프로젝트에서는 여름 철새 관찰)

의 결과를 발표했다.

"저희는 학교 뒷산에 가서 꽃과 개구리, 거미 그리고 새의 개체 수를 세서 기록했어요. 보고서를 공유할게요."

저스틴은 '생물 개체 수 세기' 보고서를 선생님과 반 아이들에게 나눠 줬다.

그러고 나서 이번에는 서배너가 과제를 발표하려고 친구들 앞에 섰다.

서배너가 말했다.

"저희가 생물 개체 수를 세면서 찍은 영상을 보여 드리기 전에 자연이 왜 놀라운지 그 이유를 먼저 말씀드리겠습니다. 자연은 완벽한 하나의 시스템이에요. 생태계에는 생산자 역할을 하는 종이 있답니다. 풀과 나무 같은 식물을 말해요. 생산자는 햇빛, 물, 이산화탄소를 이용해 직접 양분을 만들고 산소를 내보

생태계의 먹이 사슬

분해자

생산자

최종 소비자

생산자
햇빛을 받아 광합성을 하고 스스로 양분을 만들어!

1차 소비자
식물을 먹이로 하는 초식 동물!

2차 소비자
1차 소비자를 먹이로 하는 육식 동물!

최종 소비자
천적이 거의 없는 육식 동물!

분해자
죽은 생물을 분해해! 분해된 생물은 땅속 거름이 돼 생산자의 성장에 도움이 돼!

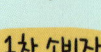
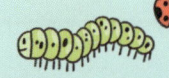
1차 소비자

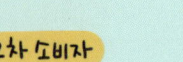
2차 소비자

내요. 이를 가리켜 광합성이라고 해요. 식물은 광합성을 통해 이산화탄소를 빨아들이고 산소를 내뿜지요."

서배너는 준비해 온 메모를 보지 않고도 막히지 않고 술술 발표했다.

"소비자는 다른 생물을 먹어서 양분을 얻는 생물을 말해요. 소비자가 에너지를 내려면 생산자가 만드는 양분과 산소가 필요해요. 그리고 생산자와는 반대로 이산화탄소를 내뿜어요. 정말 놀랍지 않나요? 소비자가 내놓는 이산화탄소는 생산자에게 필요하고, 생산자가 내보내는 산소는 소비자에게 꼭 필요하다니 말이에요."

서배너의 발표는 여기에서 그치지 않았다.

"세 번째로 분해자가 있습니다. 생물이 죽으면 이를 분해하는 세균이나 곰팡이 같은 미생물을 말해요. 동물의 배설물을 부패시키는 것도 분해자예요. 죽어서 분해된 생물은 생산자가 잘 자랄 수 있게 토양의 영양분이 돼 준답니다."

서배너는 잠시 말을 멈췄다가 다시 시작했다.

"그러면 생산자는 다시 소비자의 먹이가 되는 거죠. 소비자는 죽어서 다시 분해자의 먹이가 될 거고요. 덧붙여 말하면 생산자, 소비자, 분해자가 서로 먹고 먹히는 관계를 먹이 사슬이라고 하지요. 이렇게 생산자, 소비자, 분해자가 서로 영향을 주고받으며 살아가는 자연의 모습이 바로 생태계예요. 생태계가 어떻게 돌아가는지 조금만 관심을 가지고 들여다보면 한 가지 사실을 알 수 있어요. 자연은 정말 놀랍도록 잘 짜인 하나의 시스템이라는 걸요. 이처럼 놀라운 생태계를 조사할 수 있어서 정말 뿌듯했어요. 생물 개체수를 세는 게 왜 중요한지는 저스틴이 이미 알려 줬으니까 또 말하지는 않을게요."

"맞아요."

이번에는 저스틴이 이야기를 시작했다.

"하지만 이렇게 훌륭한 생태계도 환경 오염이나 다른 요인으로 훼손되면 결국 자연 전체의 질서가 망가지게 되겠죠."

저스틴은 호위 선생님을 바라보며 말했다.

"환경을 보호하는 것이 왜 중요한지 그 이유를 알아 오라고 하셨지요? 자원을 아끼고, 낭비를 막고, 재활용을 해야 자연을 지킬 수 있으니까요. 그럼, 자연을 왜 지켜야 하는지 말씀드릴게요. 자연을 지켜야 하는 이유가 바로 제가 캡틴에코가 되고 싶은 이유예요. 저희가 준비한 동영상을 봐 주세요. 불 좀 꺼도 될까요?"

"그럼."

호위 선생님이 대답했다.

동영상은 서배너와 저스틴이 숲으로 들어가는 장면으로 시작했다. 마이클과 블라초가 발견한 새끼 사슴도 등장했다. 그런 다음 사프다르가 찾은 거미가 거미줄을 치는 장면으로 넘어갔다. 서배너가 찍은 둥지의 아기 새들이 먹이를 받아먹는 장면도 나왔다. 저스틴이 숲에 따로 가서 찍어 온 개구리들도 나왔다. 마지막으로 따뜻한 햇살 아래 꽃봉오리가 활짝 열리는 모습을 보여 주며 끝났다. 무척 잘 만든 영상이었다.

영상이 끝나자 반 아이들 모두 일어서서 환호했다.

"왜 환경 보호가 중요한지 더 말할 필요가 있을까요?"

저스틴이 물었다.

"아니, 그럴 필요 없겠구나. 생태계는 정말 놀라워. 자연이 제 모습 그대로일 수 있도록 우리 모두 자연을 잘 지키자꾸나."

호위 선생님이 미소를 지으며 대답했다.

"감사합니다."

저스틴이 꾸벅 인사했다.

그때 서배너가 덧붙여 말했다.

"그런데 자연에 대해 우리 반 친구들이 배워야 할 게 하나 더 있어요."

"그게 뭐니?"

호위 선생님이 물었다.

"영상이 하나 더 있는데, 이것으로 대신 답하도록 할게요. 모두들 잘 봐 주세요."

서배너가 대답했다.

화면에 몸을 구부리고 시커먼 알갱이를 주워 드는 마이클이 나타났다. 영상에서 마이클의 목소리가 흘러나왔다.

"사슴 똥인지 아닌지 알아보는 방법이 딱 한 가지

있지."

아이들은 숨을 죽이고 마이클이 검은 알갱이를 입안에 넣는 모습을 지켜봤다.

"맛을 보면 되지."

그러고는 곧바로 알갱이를 뱉어 내며 양손으로 혀를 마구 닦는 마이클의 모습을 보면서 아이들은 웃고 또 웃었다. 그중에서도 마이클이 가장 크게 웃었다.

마침내 영상이 끝나자 서배너가 말했다.

"우리가 자연을 있는 그대로 즐길 때 꼭 알아 둬야 할 것이 있습니다. 동물 똥은 절대로, 절대로 먹으면 안 된다는 거죠. 동물 똥은 분해자에게 맡겨 주세요!"

저스틴과 서배너는 발표를 훌륭하게 마치고 서로 손바닥을 마주쳤다.

캡틴에코의
뉴스레터

모든 생명은
연결돼 있어

✅ **특별 모집**
✅ **'자연 관찰자' 동아리 개설**

한 달에 한 번, 숲 속에서 다양한 생물을 만나려고 해. 놀랍고 신비롭고 아름다운 자연의 모습을 함께 공유하고 싶어. 주변에 있는 자연환경에 관심을 가지는 것이 바로 환경 보호의 시작이거든. 자연 관찰자가 되면 분명 자연을 사랑하는 마음을 가지게 될 거야. 신청은 바로 나, 캡틴에코 저스틴에게 연락 줘!

> 지구에서 생물 한 종을 잃는 것은 비행기 날개에서 나사못 하나가 뽑히는 것과 같아.

✓ 슬기로운 환경 생활
✓ 생물 다양성을 지키기 위해 우리가 할 수 있는 일

모든 생명은 연결돼 있어. '침팬지 박사'로 유명한 제인 구달은 생물 다양성을 거미줄, 즉 '생명의 그물망'에 빗대어 설명했지. 거미줄의 줄이 한두 개씩 끊어지면 거미줄이 점점 약해지는 것처럼 생물 종이 하나씩 없어지면 결국 생태계 전체가 무너질 수 있다고 말이야. 그렇다면 생물 다양성을 지키기 위해 우리가 할 수 있는 일은 무엇일까?

- 쓰레기 함부로 버리지 않기.
- 텃밭을 가꿀 때 살충제 쓰지 않기.
- 플라스틱과 비닐봉지 사용 줄이기.
- 나무를 보호하기 위해 종이 아껴 쓰기.
- 친환경 제품 사용하기.

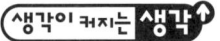

작은 관심과 의견이 커져서 삶을 지탱하는 철학이 됩니다. '생각이커지는생각'은 생각의 시작을 열어 주는 책입니다.

글쓴이 **시그문드 브라우어**
어린이와 청소년 책을 많이 썼습니다. 학교를 찾아가 다양한 아이들과 읽고 쓰기에 대해 이야기하는 것을 좋아합니다. '에코 소셜 액션' 시리즈는 어린이들과 함께 환경을 보호하기 위해 쓴 책입니다.

그린이 **박민희**
과학자가 될 줄 알았는데 어느 순간부터 그림을 그리고 있습니다. 원숭이랑 아이들의 동그란 눈을 그릴 때 가장 즐겁습니다. 쓰고 그린 책으로 『깔끔쟁이 빅터 아저씨』가 있습니다. 그린 책으로는 '에코 소셜 액션' 시리즈와 『글쓰기가 뭐가 어려워?』 『내 직업은 직업발명가』 등이 있습니다.

옮긴이 **김배경**
가톨릭대학교를 졸업하고 영국 스털링대학교에서 출판학 석사 학위를 받았습니다. 교계신문 취재 기자를 거쳐 출판사 편집자로 일하다가 지금은 어린이와 청소년 책을 우리말로 옮기고 있습니다. 옮긴 책으로는 『걸어다니는 친환경 스쿨버스』 『가로등을 밝히는 개똥 파워!』 『음식 쓰레기와 고양이 구조대』 『생명을 지키는 사람들의 하루』 『나는야 베들레헴의 길고양이』 등이 있습니다.

에코 소셜 액션
숫자로 기록하는 생태 탐사대

초판 1쇄 2024년 11월 30일

지은이 시그문드 브라우어 | **그린이** 박민희 | **옮긴이** 김배경
펴낸곳 책속물고기 | **출판등록** 제2021-000002호
주소 서울특별시 영등포구 양평로 157, 1112호
전화 02-322-9239(영업) 02-322-9240(편집) | **팩스** 02-322-9243
전자우편 bookinfish@naver.com | **카페** http://cafe.naver.com/bookinfish
인스타그램 @bookinfish | **콘텐츠 프로바이더** 와이루틴

ISBN 979-11-6327-166-6 73400

*이 책의 내용을 쓰고자 할 때는 저작권자와 출판사 양측의 허락을 받아야 합니다.
*잘못된 책은 바꾸어 드립니다.
*값은 뒤표지에 있습니다.

품명 아동 도서	**제조일** 2024년 11월 30일	**사용연령** 8세 이상	**제조자** 책속물고기	**제조국** 대한민국
연락처 02-322-9239	**주소** 서울특별시 영등포구 양평로 157, 1112호

주의사항 ◎ 종이에 베이거나 긁히지 않도록 조심하세요. ◎ 책 모서리가 날카로우니 던지거나 떨어뜨리지 마세요.
KC마크는 이 제품이 공통안전기준에 적합하였음을 의미합니다.

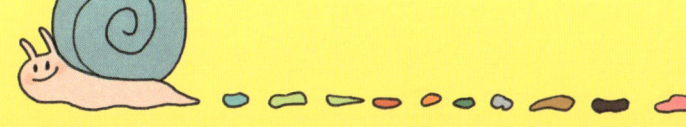